AF399784

GUÍA DE LECTURA

Escrita por Camilo Casallas Torres

Me llamo Rojo

de Orhan Pamuk

ORHAN PAMUK

ENTRE ORIENTE Y OCCIDENTE

- **Nacido en 1952 en Estambul (Turquía)**
- **Premios literarios:**
  - Premio al Mejor Libro Extranjero en Francia por *Me llamo Rojo* (2002)
  - Premio IMPAC de Dublín por *Me llamo Rojo* (2003)
  - Premio Nobel de Literatura (2006)
- **Algunas de sus obras:**
  - *El castillo blanco* (1982), novela
  - *Nieve* (2002), novela
  - *Estambul. Ciudad y recuerdos* (2005), memorias

Además de novelista, Orhan Pamuk es también escritor de teatro y académico —actualmente es profesor de Literatura Comparada y Escritura Creativa—. Sin embargo, estudió primero Arquitectura en la Universidad Politécnica de Estambul, carrera que abandonó para seguir su pasión, la pintura. Finalmente se graduó de Periodismo en la Universidad de Estambul.

Nunca ejerció la profesión, sino que se dedicó con fervor, desde esos años, a escribir literatura, según él mismo gracias a la lectura de Camus, Borges y Kafka.

Pamuk comenzó a escribir en la década de 1970, aunque su obra no empezó a tener repercusión hasta 1982 gracias a la novela *El castillo blanco*. Con todo, habría que esperar a la publicación de *Me llamo Rojo* para que Pamuk alcanzara el estatus de gran escritor.

Pamuk no es un escritor aislado; todo lo contrario, ya ha estado varias veces en el punto de mira de los medios públicos de su país por sus comentarios políticos e, incluso, ha tenido que migrar varias veces a los Estados Unidos debido a las amenazas de muerte que ha recibido. Estas estancias en los Estados Unidos han sido de gran ayuda para su carrera: ha escrito varios libros en el exilio interrumpido. La primera y más importante de sus declaraciones en los medios fue la que hizo en una entrevista para el periódico suizo *Tagesanzeiger:* «En Turquía mataron a un millón y medio de armenios y a 30 000 kurdos. Nadie habla de ello y a mí me odian por hacerlo» (Pamuk 2005).

Pamuk ganó el Nobel en 2006 por su literatura, que conecta las culturas occidental y oriental, y por su exploración del alma de la ciudad de Estambul. Aunque su familia y su círculo social son cercanos a la Estambul más occidental, Pamuk se define a sí mismo como un «musulmán cultural», que sigue toda una tradición relacionada con el islam sin mostrar devoción por preceptos religiosos o creer en Dios.

ME LLAMO ROJO

EL NACIMIENTO DE LOS COLORES Y LAS FIGURAS

- **Género:** novela histórica/novela policíaca
- **Edición de referencia:** Pamuk, Orhan. 2016. *Me llamo Rojo*. Bogotá: Planeta
- **Primera edición:** 1998
- **Temáticas:** representación, autoría, Occidente y Oriente, religión

Me llamo Rojo es una novela enorme, rica en detalles y que consagró a Orhan Pamuk como figura clave de la literatura turca. Está compuesta por múltiples voces que interrogan al lector, y narra un extraño crimen. En pleno siglo XVI, bajo el reinado del sultán Murad III, se encomienda a un grupo de ilustradores pintar un texto que dejará a los reyes de Occidente asombrados con la grandeza del sultán y los artistas a su cargo. Las ilustraciones encomendadas tienen que ser hechas al estilo occidental —es decir, con perspectiva y de manera realista, de forma que cuando un observador esté frente a la pintura parezca que esté mirando por una ventana—.

Sin embargo, uno de los ilustradores, cuyo nombre no se nos revela en un principio, está en contra del proyecto: considera que esa forma de pintar está en contra de la religión musulmana, pues se tiene que pintar tal y como Dios ve el mundo. Asesina a uno de sus compañeros y desencadena una serie de aventuras y reflexiones. ¿Quién mató al Maese Donoso? ¿Qué forma de pintar es más apropiada y más rica? ¿Se revelará el misterio?

RESUMEN

UNA MUERTE SIN AUTOR

La novela, como si se tratara del final, empieza con una muerte, y el que nos habla es un difunto. El Maese Donoso, uno de los ilustradores del taller del Sultán, ha sido asesinado por formar parte de un proyecto encargado al Taller del Sultán, a cargo del Maestro Osman. El proyecto es un libro secreto: los ilustradores pintarán imágenes a la manera occidental para que los reyes europeos se convenzan de la grandeza del Sultán. Son ilustraciones con perspectiva, realistas, con imágenes del Sultán y de la muerte y con paisajes objetivos. Estas imágenes contrastan con las que hicieron en el pasado los grandes maestros de Oriente, en las que se intentaba ver el mundo tal y como Dios lo veía, con imágenes planas, más centradas en los detalles y en la fidelidad a las creencias del islam. El predicador Erzurum mira con malos ojos trabajar en un libro tal. Critica a los ilustradores, quienes se encuentran en un café para conversar, pintar y escuchar cuentos de un viejo que se viste de mujer.

El islam prohíbe de forma tajante la representación figurativa de animales, humanos o cualquier otro tipo de sujeto. En especial, es un tabú la representación de Dios y de los profetas (Noé, Moisés, José, Jesús y Mahoma, entre otros), pues puede llevar a la idolatría, es decir, a la adoración excesiva de la imagen de un santo, de Dios o de otras figuras centrales de la religión. Por ello, en *Me llamo Rojo* el tema de la representación es un asunto central; si se pinta al Sultán, por ejemplo, exactamente como es, se podría empezar a venerarlo como a un dios. Sin embargo, dentro del arte islámico hay varias excepciones o consensos en torno a esta regla. No se pueden pintar cuadros con figuras humanas para colgar en la pared, pero en el arte persa hubo una gran tradición de pintura, ligada a los textos escritos: se pintaron muchísimas y hermosas miniaturas que acompañan libros religiosos o históricos.

| *Mahoma asciende a los cielos*, miniatura persa.

EL ROJO ES EL NUEVO NEGRO

Si dentro de este extraño libro, en el que se mezclan voces de personajes y parece que estemos frente a un coro, hay un protagonista, este tendría que ser Negro. Él mismo nos cuenta que ha llegado de un país extranjero en guerra. Es ilustrador y, sobre todo, secretario. Lo primero que hace es visitar a su tío, al que todos llaman Tío. Tío es el encargado del proyecto del emperador y le explica a Negro toda su idea en torno a él.

Ya se sabe que han asesinado al Maese Donoso, y Tío tiene miedo: sabe que habrá más asesinatos en el futuro y que su libro corre peligro. Quiere que Negro se encargue de una última ilustración, la más hermosa y desafiante. Tío ha viajado a Venecia y a otros lugares de Europa y queda obsesionado con la pintura occidental: la perspectiva, el naturalismo, la objetividad. Por eso, y porque quiere que su nombre quede inscrito en la historia, la realización del libro es fundamental.

Mientras tanto, los observa Şeküre, la hija de Tío. Negro ha estado enamorado de ella desde que tenían doce años, y sabe que ella lo observa tras una pared. A partir de ese episodio, empiezan a mandarse mensajes con la ayuda de Ester, una buhonera judía. Lo que no sabe Negro es que Hasan, cuñado de Şeküre, también lee sus cartas. El marido de Şeküre fue a la guerra y no ha vuelto, así que Hasan —que además está profundamente enamorado de la chica— se siente en la obligación de cuidarla a ella y a sus hijos, Orhan y Şevket. Asimismo, Negro termina pidiéndole la mano a Şeküre, pero Tío no acepta concedérsela; entonces, Negro que tiene que exiliarse.

En este momento de la obra, Negro y Şeküre no se ven. Todo transcurre entre las sombras, los velos y las paredes.

¿SABÍA QUE...?

El personaje de Orhan, hijo de Şeküre, lleva el nombre del autor del libro. Así mismo, el nombre Şeküre es el mismo que el de la madre de Pamuk, y signfica «dulce», y el nombre de Şekvet es el mismo que el del hermano mayor de Pamuk.

Además, Şekvet Pamuk es un reconocido historiador de la economía del Imperio otomano y de los países balcánicos y del Medio Oriente.

| Ilustraciones de *El libro de la felicidad*, encargado por el sultán Musad III a Ustad 'Osman, el Maestro Osman de *Me llamo Rojo*.

OTRAS MUERTES DE ESTAMBUL

Tío no tiene oportunidad de decirnos quién es el asesino antes de que este lo mate. El asesino roba la última ilustración del libro, la más excelsa de todas. Mientras tanto, Negro y Şeküre se encuentran en una casa abandonada. Se besan, pero Şeküre se siente mal: siente que Negro es demasiado lujurioso y también piensa en sus hijos, que quizás no acepten a un hombre melancólico como padrastro.

A continuación, los ilustradores más talentosos del taller aparecen en escena: Aceituna, Mariposa y Cigüeña. Uno de los tres es el asesino. Nos cuentan historias con sus estilos incipientes y ocultos. Nos enteramos de que, además, el asesino se llevó la ilustración, y de que esa será una de las pistas para atraparlo. El asesino también tiene sus apartados en la historia:

> «Yo fui quien más lloró mientras arrojaban tierra fría y fangosa sobre el cadáver destrozado del pobre Maese Donoso. Gritaba que yo también moría con él y que me enterraran junto al muerto, hasta tuvieron que agarrarme de la cintura para que no me tirara a la tumba. Cuando pareció que me ahogaba me apretaron las palmas de las manos contra la frente y me echaron la cabeza hacia atrás para que pudiera respirar» (Pamuk 2016, 150).

Insegura y desconsolada, Şeküre le dice a Negro que se casen con el compromiso de que la cuide y de que resuelva el misterio de los ilustradores. Ocultan el hecho de que Tío fue asesinado y dicen que está gravemente enfermo. Así, y tras comprar a un juez para que afirme que el esposo de Şeküre ha muerto en la guerra, contraen matrimonio.

No obstante, Şeküre se muestra fría con su marido y todas las noches duerme con sus dos hijos. Negro está decepcionado, pero busca al asesino.

UNA CLASE MAGISTRAL

Negro se encuentra con el conservador Maestro Osman, quien parece comprometido con encontrar al asesino aunque está en contra de la realización del libro. La única herramienta que los dos ilustradores tienen a su alcance para atrapar al criminal es una ilustración que dejó en la escena del crimen: un caballo con las fosas nasales enormes. Para Negro y el Maestro Osman esa es, precisamente, la clave de quién es el culpable de los asesinatos.

El método que usan para resolver el misterio es el estudio de varios libros clásicos, protegidos en la sala del Tesoro Real, al que tienen acceso bajo supervisión extrema de un enano y varios guardias. Según el Maestro Osman, deben encontrar un dibujo similar al del caballo con las fosas nasales enormes. Si pueden rastrear el origen de la ilustración en uno de los libros y luego vincular ese origen con las tradiciones e influencias de uno de los tres ilustradores sospechosos, encontrarán al asesino. Buscan durante varios días y discuten sobre el estilo: ¿son esas fosas nasales una marca de estilo de un pintor en particular o solo un error, una prueba de desconcentración? Llegan a la conclusión de que una opción no excluye a las otras.

El Maestro Osman, conmovido por las ilustraciones más importantes del mundo islámico, decide quitarse los ojos, pues se espera que un maestro realizado quede ciego. Lo hace con los mismos alfileres con los que un maestro fundamental de la escuela persa se había cegado. Negro logra sacar los alfileres del salón. Antes de salir de la sala del tesoro, llegan a la conclusión de que el pintor del caballo es Aceituna, pues en la infancia estudió con maestros persas que pintaban caballos a la manera de los poderosos caballos mongoles. Sin embargo, Negro asegura que el asesino no es Aceituna. El Maestro Osman, por otro lado, está convencido de que el asesino es Cigüeña pues, de los tres ilustradores, es el más avaro. Negro, por el contrario, está convencido de que el Maestro Osman es el autor intelectual de los crímenes, y de que quiere enfrentar a los ilustradores.

ESTE ES EL FINAL

Negro va a su casa solo para encontrarse con que su esposa no está. Ester le dice que está en la casa de Hasan, pues se ha anunciado que su exmarido vuelve de la guerra. Negro recluta a un grupo de hombres para ir a hacer frente a Hasan. Después de una discusión y de que Şeküre, indecisa, no resuelva si quedarse en la casa de su cuñado y su suegro o volver con Negro, este lanza un ataque con sus hombres contra las puertas. Finalmente, Şeküre decide irse con Negro.

En el trayecto hacia la casa esquivan a los compañeros de Hasan y a los genízaros —guerreros de infantería que mantienen el orden—, y descubren que el café de los ilustradores ha sido atacado por los discípulos de Erzurum. Además, Ester, Şeküre y los niños son escoltados a su casa.

Negro, entre tanto, confronta uno a uno a los tres ilustradores sospechosos. Descarta a Cigüeña y a

Mariposa, y se enfrenta a Aceituna, que está rezando en un monasterio. Aceituna logra escapar pero luego es asesinado por Hasan, quien cree que formó parte del ataque a su casa, liderado por Negro.

Negro y Şeküre por fin mantienen relaciones sexuales, pero el hombre es infeliz, ya que queda malherido después de la pelea con Aceituna. El libro de Tío no se completa y la era dorada de la pintura turca termina.

ESTUDIO DE LOS PERSONAJES

Me llamo Rojo es un libro construido a partir de las voces de varios personajes. Esta es la base de la obra: la difusa combinación de tonos, realidades, miradas. Incluso no todos los personajes participan de manera activa en la historia personal; hay muchos que forman parte de la filosofía de la novela y que nos dan pistas sobre la época, la visión del arte o de la religión en la cultura islámica y, en especial, sobre la cultura turca. Quizás por eso no hay personajes principales; la novela parece más bien un mosaico de personalidades dispares en conflicto.

NEGRO

Negro es un hombre melancólico, solitario, reservado y silencioso, que ha estado ausente de Turquía durante varios años. Está enamorado de Şeküre desde que tiene doce años. Recuerda con frecuencia una historia hermosa de la cultura islámica, ilustrada por los maestros persas, y que le hace pensar en su amada: la de Hüsrev y Şirin. Şirin se enamora de Hüsrev al ver un retrato suyo y quedan prendados para siempre.

Negro es una especie de detective. Es el pivote de la historia; a partir de su conocimiento sobre ilustración, va completando el rompecabezas que supone este libro. La muerte lo acecha y queda deforme al final del libro; el brazo le queda colgando bajo un cuello desproporcionado.

Parece como si fuera un vaso vacío que los otros personajes del libro van llenando. A veces parece convencido del pensamiento y los valores de Tío, y a veces se deja llevar por la tradición que representa el Maestro Osman; pero siempre es una marioneta voluntaria y feliz (dentro de lo posible) de Şeküre. Además, Negro es, sobre todo, un caminante. Recorre la ciudad de Estambul y nos guía por ella. Descubre callejones, mezquitas, monasterios, mercados y peluquerías. Es nuestro contacto con ese personaje oculto, la urbe que esconde al asesino y el secreto del libro.

ŞEKÜRE

La vida de Şeküre son sus dos hijos. No hace nada más que pensar en ellos y en su bienestar. Es el personaje más íntimo del texto, el que sentimos más cercano. Mientras que el resto parece tener un lenguaje cuidadoso, medido en cuanto a lo que dice, de Şeküre podemos ver casi directamente pensamientos, sentimientos e ideas.

> «No volví a leer las cartas; salió el sol y pensé lo siguiente: si cualquier noche me hubiera dejado abrazar por Hasan y hubiéramos hecho el amor, nadie se habría dado cuenta; excepto Dios [...]. A veces se me ocurre alguna idea así de estúpida y extraña. Salió el sol y, al templarse el ambiente, noté de repente que tenía un cuerpo, sentí mi piel, mi cuello, incluso mis pezones» (Pamuk 2016, 136-137).

Los otros personajes a veces hablan con listas, numeraciones que organizan lo que dicen; tienen un filtro seguro, una barrera que impide que de ellos se desprenda o se haga evidente la humanidad. Şeküre es una fuente, un potente torrente de ideas. De ella sentimos el miedo a la soledad, el amor profundo por la familia, el odio por los enemigos, la consideración por los más débiles y la indiferencia.

En contraste con ese flujo de ideas, Şeküre está recluida todo el tiempo. Pocas veces sale de su casa y, cuando lo hace, es por miedo. Se esconde entre paredes y puertas, y sus hijos son mensajeros de lo que le quiere decir a Negro. Un velo la cubre a ella y también a los materiales de su casa. Entre esos muros físicos se abre la persona, todo en ella es misteriosamente espontáneo.

TÍO

Es un tipo soberbio, poderoso, que mueve los hilos detrás del poder. Tío es el motor de la historia (la historia del libro así como la historia de las culturas). Debido a sus viajes y a su conocimiento acumulado, quiere cambiar la forma de pintar en Turquía. Si Şeküre es un torrente, Tío es un muro contra el que todo el mundo choca. Es el origen de los enemigos, un maestro de las conspiraciones. Sin embargo, sabe y siente que su vida va a acabar, que lucha contrarreloj contra los que quieren ver su legado inerte.

LOS TRES ILUSTRADORES

Son Aceituna, Mariposa y Cigüeña. El primero es descrito como un hombre talentoso, cuya capacidad es casi un regalo de Dios; es el mejor de los ilustradores, sin ningún esfuerzo. Mariposa es alegre; conoce bien los colores con los que pinta, y todo trabajo que hace es optimista; por eso a veces no es respetado, aunque vaya a ocupar el cargo del Maestro Osman tanto por su talento como por un amor desmedido entre los dos. Cigüeña es laborioso, técnico; no puede parar de pintar y su perspectiva de la ilustración tiene que ver más con el trabajo que con la inspiración.

Uno de los tres es el asesino, el conspirador.

EL ASESINO

El asesino solo existe en el futuro, por eso los capítulos en que habla se llaman «Me llamarán Asesino». Es un personaje oculto, que existe para nosotros escondido bajo un manto de oscuridad. De ello habla, de hecho, en uno de esos apartados:

> «Estoy seguro de que a vosotros también os ocurre lo que voy a decir. Cuando paseo dando vueltas y más vueltas por las infinitas calles de Estambul, o cuando me llevo a la boca un trozo de calabacín frito en algún mesón, o cuando observo con atención un adorno en forma de juncos de un margen clavando la mirada en sus curvas, de repente me da la impresión de estar

viviendo el presente como si fuera el pasado. Esto es, mientras camino por la calle pisando la nieve me apetece decir: Caminaba por la calle pisando la nieve» (Pamuk 2016, 233).

No sabemos su nombre hasta el final del libro. Todo el tiempo nos está provocando, tentándonos a decir quién es, nos interpela directamente como lectores: ¿quién es el verdadero centro de este libro?

ESTER

Ester es el poder del lenguaje. Es una vieja judía, vendedora ambulante que lo sabe todo sobre todas las cosas en Estambul. Además de llevar baratijas (bufandas, blusas, velos) por la ciudad, también lleva chismes y mensajes. Es un personaje central. Interpreta los recados de Negro y de Şeküre, comercia con ellos, los intercambia. De la misma forma que el dinero y los objetos se permutan, también lo hacen las historias, el amor.

MAESTRO OSMAN

El título de maestro es apropiado para este personaje. En el libro, el Maestro Osman ya es anciano y está lleno de conocimiento sobre la ilustración: es una enciclopedia viviente sobre los distintos estilos de Oriente. Conoce la gran tradición persa, la fortaleza de las figuras mongolas y la delicadeza de la pintura china. Por eso, se niega a aceptar que se hagan ilustraciones al estilo occidental. Por momentos es un sabio y por momentos es un anciano corrupto, un hombre que abusa del poder que tiene para manipular a sus discípulos.

EL CUENTISTA

El cuentista solo aparece en un capítulo del libro y, sin embargo, esa aparición es de lo más significativa: es toda una clave sobre el resto de la obra. El cuentista habla sobre cómo puede un hombre hablar como una mujer. Ese cuentista representa al escritor, se enmascara y finge ser otro, además de conocer lo que el resto de personajes piensan. En otra sección del texto, se nos revela que narra sus historias a partir de los dibujos de los ilustradores. Así, si se dibuja un demonio, el cuentista improvisa un cuento cuyo personaje principal sea ese demonio. ¿Cuántas de las historias son narradas por ese cuentista? ¿Es posible que, por ejemplo, la historia de Şeküre también sea narrada por esa voz?

LAS ILUSTRACIONES

Precisamente, las historias narradas por el cuentista son una parte fundamental de *Me llamo Rojo*. Una moneda, un demonio, un árbol, entre otros: estos personajes nos hablan sobre la mentalidad que rodea al texto. La moneda habla de su función en el trabajo de los historiadores, en el pago que se le da a un artista; el demonio describe su relación con Dios y con los hombres (se nos presenta como un tipo sensato, inteligente y sereno). El árbol, en un capítulo realmente hermoso, nos revela que no es en realidad un árbol sino una pintura de un árbol y, con él, Pamuk aprovecha para emitir un discurso sobre la pintura, parte central del texto. ¿La pintura tiene que representar el mundo tal y como lo vemos en el día a día o más bien es una deformación, una alegoría que representa ideas, sentimientos, creencias?

«Yo, esta pobre imagen de árbol que veis, le doy gracias a Dios por no haber sido pintado con semejante intención. Y no porque tema que de

haber sido pintado a la manera de los francos todos los perros de Estambul me habrían tomado
por un árbol auténtico y se me habrían meado
encima. Sino porque yo no quiero ser un árbol,
sino su significado» (Pamuk 2016, 82).

La otra sección fundamental del libro es la que
tiene su mismo nombre: Me llamo Rojo. En ella
también hay una magnífica disertación sobre la
pintura, el color y la representación.

CONSIDERACIONES FORMALES

MIL NOMBRES

¿A qué se parece esta novela? Esta novela forma parte de una tradición de ruptura. No nos encontramos frente a una novela lineal, la estructura normal a la que estemos acostumbrados. Si analizamos otros textos, películas u obras de teatro, nos encontraremos con una línea recta: un personaje que tiene una vida tranquila se transforma, se enfrenta a un problema y, o bien lo resuelve, o bien queda peor que cuando empezó.

Solo miremos la estructura de una película como *Titanic*: una mujer viaja con su prometido en el Titanic, una obra de ingeniería nunca antes vista por el hombre, el barco más poderoso que se ha construido jamás; durante el trayecto, sin embargo, conoce a un hombre de clase baja del cual se enamora (su vida, que era tranquila, se ve transformada); luego, el barco se estrella contra un iceberg (en este punto hay una segunda transformación de la vida de los protagonistas); el hombre de clase baja muere y la mujer queda desolada.

En *Me llamo Rojo*, la narración es distinta: varias historias, varios personajes, hablan sobre su vida, sobre sus ideas acerca del mundo. En vez de una sola historia que se modifica, presenciamos la mentalidad y el pensamiento de múltiples personajes. Aunque en esencia sí hay un hecho que hace que todo se tambalee (el asesinato del Maese Donoso), este hecho se construye a partir de la perspectiva de todos los personajes que nos hablan.

La novela se parece más a un rompecabezas que a una línea recta por la que transita una ficha de un juego de mesa. Las fichas de este juego van armando un mundo complejo, un paisaje de nombres y sucesos. Por eso, esta historia es parecida a la de *Las mil y una noches*: se trata de varias vidas que nos dan una noción general sobre el mundo de la ilustración musulmana.

UNA TARIMA DE TEATRO

¿Dónde están estos personajes? ¿A quién le hablan? A nosotros, los lectores. Durante toda la narración, los distintos personajes se dirigen a un público: nos preguntan qué pensamos sobre ellos o qué creemos que va a pasar a continuación con el misterio de los asesinatos y de los estilos pictóricos de Estambul. Incluso llegan a desafiarnos: el asesino nos pregunta si ya sabemos cuál es su verdadera identidad a partir de las pistas que ha ido dejando por la ciudad y por las páginas del libro. ¡Son atrevidos!

Así, parece que los personajes están parados en el café hablando sobre su personalidad, teniendo contacto con ese público numeroso —nosotros, los lectores de la novela—; en ese mismo café frecuentado por los ilustradores y en el que el cuentista puede disfrazarse de moneda o de mujer para narrar una historia.

Como ya se anunció más arriba, el cuentista es una parte importante de esa tarima de teatro y nos da pistas para comprender la historia. Desde su aparición y desde que se nos dice que varias de las historias que hemos leído han sido contadas por él, nos asaltan las dudas: ¿es Negro un personaje real, que cumple una función en la historia, o todo ha sido ideado por el cuentista? ¿Acaso todos estos personajes que nos hablan desde la tarima son una invención de la mente de ese narrador?

Al final, volvemos a hablar de la estructura: se trata de una línea circular. El cuentista nos narra una historia de la que él mismo forma parte. También nos relata su propia muerte e, incluso muerto, sigue exponiendo la historia detectivesca de las muertes y de las ilustraciones. ¿Es el cuentista un narrador externo, que cuenta los sucesos tal y como los ve en el mundo, o se trata de un mentiroso honorable, un excelso novelista que propone su propia perspectiva deformada del mundo? ¿Es el mundo un relato perfectamente contado por un cronista? Al final, ese personaje es una paradoja, no lo podemos ubicar ni dentro ni fuera de la historia; está omnipresente. Y, lo que es más importante aún, esta paradoja es también el tema de la novela.

TEMÁTICAS Y CLAVES DE LECTURA

REPRESENTACIÓN

Del mismo modo que no sabemos si la historia que se nos narra está construida a partir de adornos retóricos —un artificio estructurado por un narrador—, los ilustradores de *Me llamo Rojo* no están seguros de si las historias que pintan deben reflejar con exactitud la realidad o si deben tratar de objetos artificiales, representaciones ficticias del mundo.

Precisamente esta es la encrucijada a la que se enfrentan: ¿hacer que el espectador crea que está frente a una ventana a la realidad o poner en evidencia que la obra de arte es exactamente eso, una obra de arte, construida por un artífice?

La historia no resuelve esa dicotomía. Ambos bandos tienen argumentos suficientemente hábiles como para convencernos. Mientras que la representación natural de Occidente cautiva al espectador y lo abstrae de la realidad, la forma de representación abstracta de Oriente puede ser mucho más misteriosa, puesto que, como dicen los propios ilustradores, nos hace ver el mundo tal como Dios lo ve.

Este es un tema que, aunque parezca concebido para la discusión entre eruditos, es de gran actualidad. En nuestros tiempos también se defienden las dos mismas formas de hacer arte. Algunos autores (quizás la mayoría) defienden la idea de un arte que nos entretenga. Estos autores hablan de que nos debemos, literalmente, «meter en la historia», que por una hora y media no exista más mundo que el de unos personajes generados por ordenador. Otros, por el contrario, plantean que el arte siempre debe señalar sus propios vacíos, y que los personajes nos deben recordar que son eso, personajes, para así saber que son representaciones de algo más, de situaciones políticas, del amor, de nuestra tristeza.

AUTORÍA

Cabría preguntarse si Orhan Pamuk está obsesionado con los nombres, puesto que el propio título del libro habla de los nombres. Así, cada apartado habla de nombres de personas o de adjetivos que les achacan: «Me llamo Ester», «Me llamarán Asesino». Otros de los títulos de capítulos hablan de una identidad: «Soy un árbol», «Soy vuestro Tío». Seguramente estos títulos se deben al tema de la autoría.

Ya hablamos un poco acerca del problema de la representación. Pues bien, la autoría tiene que ver directamente con ese asunto principal. Resulta que no siempre ha habido autores de libros o de obras de arte. *Las mil y una noches*, es un buen ejemplo de un libro que no tiene un autor específico: un tipo con nombre, con apellidos, con fotos en portadas de revistas y al que podamos ir a ver en conferencias en auditorios repletos de gente. Antiguamente, los libros y las obras de arte se fabricaban en talleres; allí, varios artesanos escribían, pintaban, esculpían y componían las obras de arte de las que hoy día disfrutamos.

Mientras que en Occidente esto cambió y empezaron a nacer personajes como Bach, Shakespeare y Miguel Ángel, en Oriente se siguió produciendo arte en talleres. No importaba demasiado quién había pintado determinada miniatura porque lo realmente fundamental era representar la visión de Dios. Quién se llevara el crédito era un asunto totalmente secundario si, entre muchos pintores talentosos, se conseguía hacer una obra de arte que inspirara a los creyentes. En parte, esta diferencia se dio porque en Occidente el objetivo cambió: el arte ya no era un asunto de la comunidad o un encargo relacionado con la religión, ya no estaba ligado a ritos o a fiestas, sino que tenía que ver más con los gustos de grandes señores o con la apreciación de una estética determinada.

Por eso, en el libro de Pamuk hay un interés fundamental en este tema. ¿Puede tomar el artista la gloria, el dinero y la fama por una obra de arte que supuestamente debía estar ligada a Dios? En el libro, está claro cómo van apareciendo errores, estilos definidos entre los ilustradores del taller; se van diferenciando y, de sus detalles, van apareciendo características individuales; se van formando firmas, nombres reputados.

OCCIDENTE Y ORIENTE

En ese mismo orden de ideas se produce una confrontación entre Oriente y Occidente: Tío recoge la influencia de los francos para el libro que está fabricando, y al final de la obra la reina de Inglaterra envía a Estambul un reloj mecánico de dimensiones estrambóticas.

Lo interesante de la obra de Pamuk es que no se llega a conclusiones. Oriente y Occidente se complementan y se alimentan, y las dos formas de pensar van conformando la visión del mundo de la historia.

Así mismo, Oriente no es una cultura estable e inmutable. La tradición de los ilustradores no solo tiene que ver con los pintores turcos o del mundo árabe, sino que también pintan caballos mongoles y las mujeres tienen los ojos rasgados como en las ilustraciones chinas y japonesas.

Por otro lado, el contacto con Occidente y, en especial, con la Venecia del Renacimiento, parece ser un motor cultural. Se entra en contradicción, se estudia la cultura del otro y se investiga. El mundo no está quieto, sino que hay distintas perspectivas que se van complementando. La cualidad mayor de *Me llamo Rojo* es que muestra el contacto entre esas cosmovisiones.

RELIGIÓN

Traicionar o no a la religión por el bien del arte: esa es la pregunta de los tres ilustradores, sospechosos de asesinato. La forma de pintar no es solo un asunto de si al público le gustará el cuadro o la ilustración que se haga, sino de si se está faltando al respeto a Dios. Traspasar una frontera, derribar el tabú: no se trata de una encrucijada menor. De manera constante, los ilustradores se preguntan si irán al Infierno por, por ejemplo, pintar al Sultán. Creen en ocasiones que su forma de pintar es un acto de vanidad y, otras veces, que forma parte de aceptar las nuevas formas que llegan de Occidente.

Por supuesto, este dilema también tiene que ver con el ego del propio pintor. Una firma en el cuadro marca toda la diferencia: representa fama, gloria, dinero y trascendencia.

ALGUNAS PREGUNTAS PARA PROFUNDIZAR EN SU REFLEXIÓN...

- ¿Por qué cree que Orhan Pamuk puso en *Me llamo Rojo* un personaje que lleva su mismo nombre?
- ¿Cómo es la percepción que tiene Şeküre sobre el sexo?
- Escriba un texto similar al del árbol o al de la moneda pero en el que un objeto de su cotidianidad hable.
- Las personalidades de los tres ilustradores sospechosos son muy distintas y parece como si Pamuk estuviera describiendo los distintos tipos de artistas que existen. ¿Con cuál de los tres ilustradores identificaría al mismo Pamuk?
- ¿Qué papel tiene la mujer en la obra? ¿Qué significa que el cuentista se disfrace de mujer?
- ¿Cómo se podría analizar esta novela a la luz de las guerras actuales en Medio Oriente y el

atentado a las oficinas de Charlie Hebdo en París en 2015?

• De manera notoria, el Sultán nunca habla, ¿por qué cree que no lo hace? ¿Cómo se imagina que sería un capítulo narrado por él?

¡Su opinión nos interesa!
¡Deje un comentario en la página web de su librería en línea,
y comparta sus favoritos en las redes sociales!

PARA IR MÁS ALLÁ

EDICIÓN DE REFERENCIA

- Pamuk, Orhan. 2016. *Me llamo Rojo*. 6.ª ed. Bogotá: Penguin Random House.

ESTUDIOS DE REFERENCIA

- Carpintero Ortega, Rafael. s. f. "*Me llamo Rojo* de Orhan Pamuk: una sinécdoque de la occidentalización". Ensayo, Universidad de Estambul. Consultado el 9 de marzo de 2018. http://www.academia.edu/4957018/ Me_llamo_Rojo_de_Orhan_Pamuk_como_sin%- C3%A9cdoque_de_la_occidentalizaci%C3%B3n

- Delgado, María Mercedes. s. f. "La representación figurativa en el Islam: la recreación estética tole- rada". Ensayo, Universidad de Sevilla. Consultado el 9 de marzo de 2018. http://www.academia. edu/5007116/La_representaci%C3%B3n_figu- rativa_en_el_Islam_la_recreaci%C3%B3n_est%- C3%A9tica_tolerada

- Gordo, Alberto. 2015. "Orhan Pamuk: 'Para muchos turcos no soy más que un escritor burgués'. *El Cultural*. 19 de septiembre. Consultado el 9 de marzo de 2018. http://www.elcultural.

com/noticias/letras/Orhan-Pamuk-Para-muchos-turcos-no-soy-mas-que-un-escritor-burgues/8335

- Rojo, José Andrés. 2005. "Orhan Pamuk desafía a Turquía con nuevas críticas a las matanzas de kurdos y armenios". *El País*. 23 de octubre. Consultado el 9 de marzo de 2018. http://elpais.com/diario/2005/10/23/cultura/1130018402_850215.html

LECTURA RECOMENDADA

- Pamuk, Orhan. 2007. *La maleta de mi padre.* Bogotá: Random House Mondadori.

  Este libro contiene tres discursos nostálgicos sobre la literatura. Uno de ellos, que le da nombre al libro, es el texto de aceptación del Nobel, leído por Pamuk.

ResumenExpress.com